LÆTIFICANDO PETRIFICAT

Gravé par l'Afriquain Medusien

LES AGREABLES DIVERTISSEMENS DE LA TABLE,

OU

LES REGLEMENS

de l'illustre Societé des Freres & Sœurs de l'Ordre de MEDUSE.

A LYON,

Chez ANDRE' LAURENS, seul Imprimeur ordinaire de la Ville, ruë Raisin, à l'Ange Gabriël.

M. DCC. XII.

AVEC PERMISSION.

MEDUSE.

CLIO, tentons une autre entreprise;
Chanter Meduse, est chanter chose exquise:
Pour faire un œuvre agréable à ses yeux,
Lampons d'abord à son Nom glorieux.

Lampe allumée en invoquant Meduse,
Eclaire autant que la plus docte Muse.
Je sens déja que sa douce liqueur,
D'un feu secret vient embrazer mon cœur.

Adieu Clio, sans ta vive lumiére,
J'entreprens seul de fournir ma carriére.
En d'autres lieux tu peux porter ta voix,
Jeune Héros, issû de mille Rois,
Qui vient régner sur l'Empire de l'onde,
Te doit fournir matiére assez féconde.

Laisse-moi seul Meduser à loisir,
Meduse fait mon unique plaisir.
Divine Meduse en tous lieux reverée,
En t'aprochant mon ame est éclairée,

D'un feu divin qui ſaiſit mon eſprit,
Loin de tes yeux tout profane eſt proſcrit.

Plus ne le ſuis, tes aimables Myſtéres
M'ont imprimé tes charmans caractéres.
Je ſens déja qu'une noble fureur
Vient m'inſpirer une ſecrette horreur,
Pour cette Race impie, & forcenée,
Qui voudroit voir Meduſe abandonnée.

Je ſens mon cœur épris d'un tendre amour,
Pour les Elûs qui brillent dans ta Cour,
Elûs formés d'une céleſte trempe,
Qui devant toi ne ſont jamais ſans Lampe,
Et dont l'ardeur peut aprendre aux Mortels,
Comment on doit reverer tels Autels.

Jaloux comme eux de l'honneur de ton Temple,
Quoi que de loin je ſuivrai leur exemple,
Et je prétens inſtruire l'Univers,
De ce qu'il doit à tes bienfaits divers.
Les plus grands Dieux auroient vû l'onde noire,
Si ta vertu n'eût rétabli leur gloire.

Les fiers Titans eſcaladoient les Cieux,
Pour s'oppoſer à ces ambitieux :
Jupin lançoit un inutile foudre,
Bientôt lui-même eût été mis en poudre,
Lors que Pallas conſulta le Deſtin,
Pour triompher de ce Peuple mutin :

Tu n'as beſoin, dit-il, que de Meduſe ;
Pallas le crût, & la Troupe confuſe,

Qui menaçoit tous les Dieux de ses fers,
Se vit bientôt renversée aux Enfers ;
Son seul aspect, & le feu qui l'anime,
En un moment causérent leur ruine.

Depuis ce jour la guerriére Pallas,
Sans toi jamais n'a voulu faire un pas.
Jamais Persée eut-il pû sans ton aide,
D'un sort fatal délivrer Andromède ?
Monstres par toi transformés en rochers,
Servent encor de guide aux Nochers.

Tes chers Enfans conservent la memoire
De ces hauts faits qui te comblent de gloire ;
Et Lampe en main dans leur Societé,
Rendent hommage à ta félicité.

Ton nom fameux qui les unit ensemble,
Pour te servir près de toi les rassemble,
Là tes Enfans plus contens que les Dieux,
Goûtent en paix les délices des Cieux.

Des titres vains méprisant les chiméres,
Egaux en tout, ils sont là Sœurs & Fréres ;
Le premier rang n'est jamais affecté ;
Qui Lampe mieux est le plus respecté.

Quand ton ardeur échauffe leur poitrine,
On fait briller ta respectable mine,
Ce rare objet, à qui tout est soumis,
N'a rien d'affreux que pour tes Ennemis ;
Et tes Enfans pour toi pleins de tendresse,
Dans tes Serpens révérent ta Sagesse.

A leur aſpect mille bruyans concerts,
De ton grand Nom font retentir les airs,
On prend la Lampe, & ſon Huile verſée,
S'offre à longs flots à la Troupe altérée;
Cette Huile eſt pure, & ſa libation,
Verſe en leur ame une ſainte onction.

Leur zéle ardent ſe redouble ſans ceſſe,
Lors-qu'à Lamper chacun pour toi s'empreſſe.
Ils font effort à qui Lampera mieux,
Et c'eſt ainſi qu'ils s'égalent aux Dieux.

Si par malheur en tes ſçavans myſtéres,
Faute s'échappe à quelqu'un de nos Fiéres,
Ton noble cœur n'en eſt point irrité,
Et tu lui dis avec benignité:
Ne vous troublez pour la faute commiſe.
Frere, Lampez, faute vous eſt remiſe.

Heureux Mortels que vôtre ſort eſt beau!
Sans redouter les maux que cauſe l'Eau,
Lampez bonne Huile au gré de vôtre envie
Et vous goûtez la véritable vie.

Toi dont je tiens le beau feu que je ſens,
Daigne, MEDUSE, accepter mon Encens:
C'eſt peu pour toi, mais dans mon impuiſſance
Je ne crains pas que mon zéle t'offenſe.
Heureux mes Vers, ſi ton Nom redouté,
Les fait paſſer à la poſterité.

STATUTS
DE
L'ORDRE
ET
SOCIETÉ
DE
MEDUSE.

Turbam hilarem in rupes subito jubet ire Medusa
Nox oleum, vitam quam rapit illa dabit.

NOus que le zéle de MEDUSE a unis, aſſociés, & inſpirés d'un même eſprit de concorde & de charité, & qu'elle anime chaque jour du noble deſir de ſe rendre dignes de ſon amour, & de ſes mérites; reconnoiſſans qu'il n'y a rien de ſi fragile & de ſi foible que l'Homme, quand il n'eſt point conduit & dirigé; & que dans une Societé ſi belle & ſi douce, il eſt neceſſaire de faire des Loix qui tiennent les Freres dans une continuelle application à leur devoir, en les obligeant de veiller inceſſamment ſur leurs actions, ſommes unanimement convenus.

I.

QU'AUCUN ne pourra être admis dans l'Ordre de MEDUSE qu'il ne ſoit Catholique, de bonnes mœurs; point médiſant, blaſphémateur, ni yvrogne. S'il eſt convaincu d'un de ces vices, il ne pourra être reçû ſous quelque prétexte que ce ſoit.

II.

QUE l'obédiance & l'humilité étant les plus ſolides fondemens des Ordres & Societés établies parmi les Hommes, & que la ſubordination y étant abſolument neceſſaire, il eſt enjoint à tous les Freres & Sœurs de porter honneur & reſpect à leurs Supérieurs, & de ſuivre exactement les conſeils & avis fraternels qu'ils leur donneront, pour les rendre plus fervens & attachés à leurs devoirs; mais ſur-tout lors-qu'il s'agira de la gloire de nôtre Mere commune, & de l'honneur & augmentation de l'Ordre: excepté que dans les myſtéres de la Societé de MEDUSE, leſdits Supérieurs ne ſeront regardés que comme les autres Freres, & n'auront que leur voix déliberative comme eux, à moins qu'il n'arrive quelques cas graves qui demandent l'interpoſition de leur autorité.

III.

Que les Freres & Sœurs ſeront mutuellement animés du deſir de voir fleurir & acroître l'Ordre, inſpirans autant qu'il leur ſera poſſible par de bons & ſages exemples, les gens de mérite à les imiter.

IV.

La propagation de l'Ordre étant tres-importante, tous les Freres & Sœurs ſont conviés d'écouter favorablement les démarches des Aſpirans & Aſpirantes, après qu'ils auront été informés de leur bonne vie & mœurs, & de la ferveur & ſincérité de leur zéle.

V.

Mais comme dans la Societé de Meduse, il n'y a rien qui doive être deteſté comme le Monde & ſes maximes, & que les Freres & Sœurs doivent ſe ſervir entr'eux de termes propres audit Ordre ſeulement : il eſt tres-expreſſément défendu à tous les Freres & Sœurs de ſe ſervir de ceux de *Vin*, *boire*, *verre*, de *Monſieur*, & de *Madame*, qu'ils doivent regarder comme odieux à nôtre mere MEDUSE; mais de s'exprimer par ces noms amoureux & onctueux d'*Huile*, de *Lampe*, *lamper*, & de *mes Freres*, & *mes Sœurs*, qui lui ſont mille fois plus agreables, & plus conformes à l'union & à la charité qui doivent régner entre les Freres & Sœurs: L'Huile étant le ſimbole de la douceur; la Lampe, de la vigilance; lamper, du zéle ardent que tous les Freres doivent avoir d'honorer nôtre Mere commune; le nom de mes Freres & mes Sœurs, de cette ſimplicité douce & charmante, qui marque ſi bien l'union & la concorde qui régnent toûjours entre les cœurs vraiment humbles & détachés du faſte de la vanité mondaine.

VI.

COMME auſſi il eſt abſolument défendu d'exercer les myſteres de nôtre Mere MEDUSE devant des profanes, indignes d'y participer; & ſont dés à preſent interdits les Freres & Sœurs qui auront été aſſez malheureux pour commettre une ſi mauvaiſe action, & ne pourront être rétablis que par le

con-

conſentement d'un Chapitre general.

VII.

QUAND quelques nouveaux Freres ou Sœurs auront été reçûs dans les Provinces, & ſeront initiés aux myſtéres de la Societé, le Frere ou la Sœur qui aura fait cette action méritoire ſera tenu d'en donner inceſſamment avis au Chapitre general; & aprés que ledit Chapitre l'aura aprouvé, ledit Frere ou Sœur reçû remerciera tous les Freres qui ont composé le Chapitre de l'honneur qu'ils lui ont fait, & ſera tenu de lamper à tout le Chapitre.

VIII.

CHAQUE Frere ou Sœur ſera tenu d'avoir, le plûtôt que faire ſe pourra, la marque extérieure de l'Ordre, ſans quoi il ne pourra avoir voix déliberative, ni aſſiſter au Chapitre, à moins qu'il n'apporte quelque raiſon valable dont le Chapitre ſe contente.

IX.

SI quelqu'un de la Societé ſort de ſa Province, pour aller dans quelqu'une où il y ait des Freres & Sœurs, il ſera tenu avant que de partir de prendre obédience de ſon Supérieur, à peine de punition exemplaire; & d'aller voir celui du lieu ou Province où il arrivera, s'il y en a un, ou le plus ancien des Freres ou des Sœurs qui y réſideront, leſquels ſeront tenus de lui faire le meilleur accueil qu'il leur ſera poſſible, & tel que la charité & l'union fraternelle les y oblige.

X.

L'union & la concorde qui doit être entre les Freres & Sœurs, les engageant à s'aimer & à ſe ſecourir unanimement les uns & les autres. Si quelque accident involontaire arrivoit malheureuſement à quelqu'un des Membres de la Societé, tout l'Ordre s'y intereſſera fraternellement, & fera ſon poſſible pour lui aider & le ſoulager, n'épargnant ni ſes ſoins, ni ſes Amis; & même ſi quelqu'un tomboit malheureuſement entre les mains des Infidéles en captivité, tous les Freres & Sœurs ſeront obligés de ſe cottiſer pour ſon rachat.

X I.

Les Freres & Sœurs d'un même lieu s'aſſembleront au moins une fois le mois, pour exercer les myſtéres de nôtre Mere Meduse. Ceux qui par mépris ou manque de zéle n'y aſſiſteront pas, ſeront réprimandés pour la premiere fois : pour la deuxiéme interdits : & pour la troiſiéme caſſés, & leurs noms rayés & biffés ſur le Catalogue en plein Chapitre.

XII.

CHAQUE Grand Prieur ou Ancien ſera tenu de tenir un Chapitre le jour de la Saint Loüis ; il commencera la repaiſſance par lamper comble à la ſanté du Roi ; & tenant ſa lampe en main, fera un petit diſcours à la loüange du Roi, pour le remercier de quantité de bienfaits qu'il fait à beaucoup de Freres.

XIII.

LORS-QUE les Freres & Sœurs ſeront enſemble, ſoit pour la reception de quelque digne ſujet, ou pour quelque autre cauſe que ce puiſſe être, pourveu qu'il ſoit queſtion de lamper, ils ne pourront ſe ſervir des termes défendus, dés que nôtre Mere MEDUSE paroîtra, que le buffet ſera garni, & qu'il verra de l'huile & des lampes ; mais les myſtéres ne pourront ſe commencer qu'aprés que tous les Freres & Sœurs auront pris ſuffiſamment leur repaiſſance.

XIV.

DECLARONS tous les Freres ſujets aux Loix de nôtre Mere commune, ſans qu'aucun puiſſe s'en exempter ; mais comme cette Mere ne cherche que le plaiſir de ſes Enfans, ſi quelqu'un a cauſe légitime pour ne pas lamper, ſera tenu de déclarer avant qu'on commence la repaiſſance, autrement il ne ſera plus reçû, & on le contraindra à ſubir toute condamnation.

XV.

DECLARONS auſſi les Sœurs exemptes de la pétrification, elles garderont toutefois le ſilenee, pendant que MEDUSE lampera ; & obſerveront ſi quelqu'un des Freres fait quelque mouvement, pour l'accuſer juſte & ſans paſſion : voulons qu'elles ayent voix déliberative, ſuivant l'uſage ordinaire.

XVI.

CHAQUE Prieur ou Provincial ſera tenu de rendre compte au Chapitre général de l'Ordre, au moins une fois l'année, de ce qui ſera arrivé d'important entre les Freres de ſa Province, durant ladite année, afin que s'il y avoit quelques abus, ou cas graves, qui méritaſſent d'aſſembler le Chapitre pour en décider, il y ſoit inceſſamment pourvû.

XVII.

Et enfin nous regardons comme indignes tous Freres & Sœurs, qui aprés avoir été reçûs dans la Societé de Meduse, ſeroient aſſez inconſtans, libertins & aveuglés, pour contracter aucun autre engagement dans quelqu'autre Ordre ou Societé crapuleuſe que ce ſoit; n'y ayant rien de ſi contraire & oppoſé à l'honneur de nôtre Mere, & à l'intention de ſes Inſtituteurs, que cette duplicité de vœux. Déclarans dés à préſent & à toûjours leſdits Freres & Sœurs déchûs de tous les Honneurs, Prérogatives & Immunités de l'Ordre, rayés & biffés du Catalogue des Freres de la Societé, & notés d'infamie à jamais, ſans qu'ils en puiſſent être relevés ſous quelque prétexte que ce puiſſe être.

REGLES DE MEDUSE.

LES Freres ſeront tenus, lorſqu'ils ſeront en Chapitre, de ne ſe point ſervir des termes de *Verre*, *boire*, *Vin*, *Monſieur*, ni *Madame*; mais de ceux de *Lampe*, *lamper*, d'*Huile*, *mon Frere*, & *ma Sœur*. Celui des Freres qui ſe ſervira des termes défendus, lampera pour faute commiſe.

Celui qui fera quelque mouvement pendant que les Freres ſeront pétrifiés, lampera pour faute commiſe.

Celui qui frapera ſans deſſein, lampera ou ſera condamné à lamper pour faute commiſe.

Celui qui frapera ſans qu'il ſe trouve de l'huile pour lamper, aura commis faute griéve, & lampera pour faute commiſe.

Celui qui frapera pendant qu'il y aura une accuſation formée, lampera pour faute commiſe.

Quand quelqu'un ſe croira accuſé mal à propos, il dira ſes raiſons tout haut à tous les Freres; alors celui qui préſide nommera un Frere, ſi l'Accuſé le demande, pour prendre les avis d'un chacun; celui qui ſera commis pour cela s'appellera Infulat, il mettra ſa ſerviette ſur l'épaule pour marque de ſa commiſſion.

L'Infulat ne peut ni accuſer, ni être accuſé pendant qu'il a les marques de l'Infulat: mais les marques dépoſées, il peut être accuſant & accuſé.

Celui qui laiſſe cinq gouttes d'huile dans ſa lampe, lampera pour faute commiſe.

Celui qui doit lamper pour faute commiſe, s'il ne dit qu'il lampe pour faute commiſe, lampera tout de nouveau.

Celui qui éternuë ne ſera pas accuſé d'avoir fait mouvement, pourveu qu'il diſe: *Honneur à* MEDUSE, il fera une action méritoire; s'il manque à le dire, il lampera.

Celui qui renverſe l'huile de ſa

lampe, commettant un crime énorme, lampera comble pour faute commise.

Celui qui casse sa lampe, lors surtout qu'il y a de l'huile, non seulement lampera sa lampe comble, mais fera amande honorable.

Celui qui forme une fausse accusation, lampera pour faute commise.

Celui qui murmurera contre le Jugement rendu, lampera pour la faute, & pour le murmure deux fois.

Celui qui blasphémera contre l'Ordre, ou contre les Statuts, fera amande honorable, & sera condamné à une amande arbitraire, applicable en bonne huile pour lamper.

Celui qui veut récuser un Juge, le peut; mais il doit proposer aux Freres les causes de récusation, lesquelles n'étant pas trouvées bonnes, il lampera pour faute commise, sans prejudice à la premiére accusation, si les causes sont jugées bonnes, le Frere récusé n'opinera pas.

Les Freres invités au Chapitre, ne pourront se dispenser d'y assister sans produire des causes trés-légitimes, autrement ils seront condamnés à une amande arbitraire applicable à la bourſe commune.

Lors-que l'on verſe de l'huile dans une lampe, & que la lampe vient à être pleine, comme il n'eſt pas permis au Frere pétrifié de remuër, celui qui pétrifie ſera tenu de faire ſigne au Frere à chapeau de ceſſer, s'il ne le fait d'office.

Les Sœurs qui aſſiſteront aux Chapitres, ne pourront ſe ſervir des termes défendus; & toutes les fois qu'elles s'en ſerviront, elles lamperont pour faute commiſe.

Les Sœurs pourront pétrifier les Freres, aux termes preſcrits par les Régles.

Les Sœurs pourront accuſer les Freres de faute commiſe; mais ſi l'Accuſé eſt déchargé, la Sœur lampera.

Les Sœurs pourront porter l'Infulat & juger, aprés avoir pris l'avis des Freres & Sœurs; & ſi elles prononcent contre les Régles, elles pourront être priſes à partie, & la Cauſe jugée par un Infulat, elles lamperont pour faute commiſe.

Les Sœurs obſerveront le ſilence, comme il eſt ordonné par les Statuts, lors-que les Freres ſeront pétrifiés, & prendront garde aux mouvemens que les Freres feront, pour les accuſer ſans paſſion. Les Freres ou les Sœurs qui auront été accuſés, ne garderont aucune rancune contre le Frere ou la Sœur qui les aura fait condamner; car comme accuſer un Frere juſtement eſt une œuvre méritoire, ſi l'Accuſé s'en reſſent, il commet faute griéve, & lampera pour faute commiſe.

Les Freres & les Sœurs ſeront tenus chacun d'avoir une Boëtte de MEDUSE, & celui ou celle qui aſſiſtera à un Chapitre ſans ladite Boëtte, aura commis faute énorme, & ſera condamné à une amande arbitraire, applicable comme il eſt dit ci-deſſus.

Aucun Frere ni Sœur ayant accuſé un Frere, ne pourra dire le ſujet de l'accuſation, s'il n'a de l'huile dans ſa lampe.

Celui qui voudra accuſer ſon Frere d'avoir laiſſé trop d'huile dans ſa lampe, doit l'accuſer avant que de prendre ſa lampe, autrement il n'y ſera plus à temps, & lampera pour faute commiſe.

Lors-que quelqu'un des Freres chantera les Chanſons à la loüange de nôtre délicieuſe & deſaltérante Mere, ou une Chanſon à lamper, il eſt défendu de pétrifier ; celui qui frapera, lampera pour faute commiſe.

Si quelque Frere à force de lamper ſe trouvoit incommodé, & qu'aprés la repaiſſance il parût en public, & y fit quelques actions qui puſſent faire remarquer qu'il eût trop lampé, il ſera interdit pour la premiére fois, & caſſé en cas de récidive, l'yvrognerie étant ſur toutes choſes la plus déplaiſante à nôtre Mere Meduse.

Aucun Frere ne dira, ni ne chantera aucune Chanſon qui puiſſe bleſſer la modeſtie des Sœurs.

Bouchot. Sc.

CEREMONIAL

Pour la Réception d'un Frere de MEDUSE.

NULLE Perſonne, de quelque qualité qu'il puiſſe être, ne ſera admis dans nôtre deſaltérant Ordre, qu'au préalable il n'ait poſtulé quelque tems, afin qu'on ait celui d'examiner ſes vie & mœurs.

Il faut qu'un Sujet, pour être admiſſible, ſoit Catholique, de bonnes mœurs, point médiſant, blaſphêmateur, ni yvrogne. S'il eſt convaincu de quelqu'un de ces vices, il ne pourra y être admis, ſous quelque prétexte que ce puiſſe être.

Lors au contraire qu'il ſera reconnu de bonnes mœurs, & digne d'être reçû, il ſe préſentera au premier Chapitre, & ſe choiſira un Frere pour le préſenter.

Le Frere qui ſera choiſi prendra une

lampe avec de l'huile, en fera prendre une autre à celui qui se présente : s'adressera au Président du Chapitre, qui est d'ordinaire le Grand Prieur ou le plus ancien Frere, fera l'éloge de celui qu'il présente, & priera le Chapitre de le recevoir, aprés quoi ils lamperont tous deux ; ce qui s'apelle, signer sa Requête.

Celui qui présidera, prendra les voix sur la réception du Présenté ; & pour cette premiére fois il sera reçû Frere anonime ; & remis à être nommé au premier Chapitre, qui sera avancé ou retardé selon le zéle du Postulant du cas.

Lors-que le jour du Chapitre sera assigné, & que les Freres seront assemblés, celui qui présentera le Frere prendra une lampe, fera souvenir le Chapitre de la promesse qu'on a faite au Postulant de le nommer, & il signera sa Requête aussi bien que le Postulant.

Celui qui préside nommera un des Freres pour être le Raporteur du Postulant, & pour faire une Information de vie & mœurs, laquelle faite, il en rendra compte au Président, qui ordonnera la nomination du Poſtulant ; alors le Raporteur ſera tenu d'aller à tous les Freres & Sœurs, pour demander un nom pour le Poſtulant : tous unanimement conviendront d'un nom qui le caractériſe autant qu'il eſt poſſible ; aprés quoi le Raporteur dira au Préſident du Chapitre ce qu'on eſt convenu, & le Préſident prononcera au Poſtulant le nom qu'on lui aura donné.

Enſuite le Raporteur prendra le Poſtulant, le menera à la droite du Préſident qui ſera couvert, qui lui fera prêter ſerment ſur une Boëte de l'Ordre, ou ſur une Figure de MEDUSE, en lui faiſant tenir une main ſur la Figure, & faiſant lever l'autre, il lui demandera s'il n'eſt point engagé dans aucun autre Ordre, auquel il faudra qu'il renonce pour être reçû ; prêtera le Serment de fidelité au Roi.

Promettra d'être fidéle Frere de MEDUSE, qu'il travaillera à la propagation de l'Ordre, & qu'il lampera pour toutes les fautes qu'il commettra dans l'Ordre. Aprés le Serment prêté il lui donnera l'Accolade, en lui diſant : *Sous les conditions que vous vous êtes engagé, je vous reçois au nom du Grand Maître & de tout l'Ordre, pour Frere de* MEDUSE, *& en cette qualité je vous donne l'Accolade.* Aprés quoi le Reçû la donnera à tous les Freres & Sœurs du Chapitre.

Le Président doit envoyer au Grand Maître le Nom de l'Ordre & celui de Famille du Frere reçû, pour en avoir les Patentes, & être enregistré dans le Catalogue des Freres.

La même Cérémonie s'observera pour la Réception des Sœurs.

CHANSONS DE MEDUSE.

Sur l'Air De la Joconde.

L'HUILE brille ſur nos buffets,
MEDUSE va paroître,
Qu'elle a de graces & d'attraits,
Pour qui la ſçait connoître ;
Elle n'imprime qu'aux Elûs
Ses charmants caractétes,
Et les Profanes ſont exclus,
De ſes plaiſans Myſtéres.

Pour confondre de mille Sots,
Les langues imprudentes,
Que ſon Huile coule à longs flots
Dans nos lampes ardentes.
Sa vertu nous inſpirera
Des Chanſons à ſa gloire,
Et jamais le tems n'oſera
Effacer leur mémoire.

Freres, celebrons dans nos chants,
Nôtre aimable Déesse,
Et respectons dans ses Serpens,
Sa profonde sagesse.
Elle passera jusqu'à nous,
Pourvû que l'on s'empresse,
Et que redoublant coups sur coups,
Chacun lampe sans cesse.

Lors-qu'on tient une Lampe en main,
Tout le chagrin décampe,
Et les soucis du lendemain
Sont noyés dans la Lampe.
Nous laissons gouverner les Cieux
Au Maître du Tonnere,
Et nous croyons être les Dieux,
Qui régnent sur la Terre.

Quand auprés d'une aimable Sœur,
On a sa Lampe pleine,
On sent une double douceur,
Qui nous tient en haleine.
A peine on forme des desirs,
Qu'on a tout ce qu'on aime,
Et l'on goûte les vrais plaisirs;
Qu'on goûtoit à Theleme.

Nous ſommes dans tous nos beſoins
Prévenus par MEDUSE,
Quand nous manquons à quelques ſoins
Sa bonté nous excuſe.
S'il arrive qu'imprudemment,
Par nous faute eſt commiſe,
Lampons, Freres, dans le moment,
Faute nous eſt remiſe.

MEDUSE voit dans nos concerts,
L'ardeur de nôtre zéle :
Nous faiſons retentir les airs,
De ſa gloire immortelle.
Daigne écouter tes chers Enfans,
Sois-leur toûjours propice,
Et fais qu'ils t'offrent dans cent ans,
Le même Sacrifice.

POUR

Monsieur D

Grand Maître de l'Ordre, Frere Necessaire.

Sur l'Air, Quand tu dégages ta foi.

AMPER est le seul plaisir,
Qui peut flâter mon désir,
Que je suis content,
Quand je lampe autant,
Que Frere Necessaire,
Tout le reste est neige dantan,
Faite pour le Vulgaire,
Lan la,
Faite pour le Vulgaire.

Nous vivons tous sous ses Loix,
Plus fortunés que des Rois;
N'être point d'instant,
Sans lamper d'autant,
C'est le seul Necessaire,

Tout le reste est neige dantan,
Faite pour le Vulgaire,
Lan la,
Faite pour le Vulgaire.

Monsieur C

Frere Sincere.

FRERE Sincere, sans toi,
Je sens que c'est fait de moi,
Viens à mon secours,
Contre les amours,
Que leur troupe décampe,
Pour les chasser verse toûjours,
De l'Huile dans ma Lampe,
Lan la,
De l'Huile dans ma Lampe.

Monsieur de la N

Frere Heureux.

FRERE Heureux, tous les plaisirs
Flattent ici tous nos désirs,
La Societé,
Y tient enchanté,
Toute faute s'excuse,
Et c'est en pleine liberté,
Qu'on encense MEDUSE,
Lan la,
Qu'on encense MEDUSE.

MONSIEUR

LE COMTE DE G

Protecteur de l'Ordre.

Sur l'Air Des Ennuyeux.

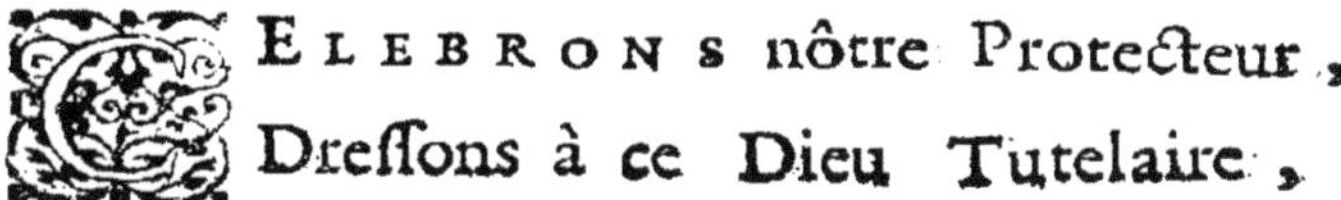

CELEBRONS nôtre Protecteur,
Dressons à ce Dieu Tutelaire,

Chacun un Temple en nôtre cœur ;
Mais pour lui quoi-qu'on puiſſe faire ,
Sa vertu plus que nos Autels ,
L'éleve au rang des Immortels.

MONSIEUR

Le Marquis de L

Frere Diſtingué.

LE Nom de Frere Diſtingué ,
N'eſt pas un Nom à l'avanture ;
Par lui point il ne fut brigué ,
Il lui convient par ſa nature :
Il ſe diſtinguera toûjours ,
Chez Mars , Bacchus , & les Amours.

MONSIEUR

Le Marquis de S

Grand Guidon de l'Ordre.

AMIS redoublons nos Concerts,
Pour le grand Guidon de nôtre Ordre ;
Sur ſon Nom digne de nos Vers,
Le plus envieux n'oſe mordre :
Etre bienfaiſant & joyeux,
C'eſt être preſqu'égal aux Dieux.

Monſieur H

Grand Muſicien.

Dont je ne ſçai pas le Nom de l'Ordre,

TON Nom que je n'ai pû ſçavoir,
Cher H   mérite un Trophée ;
Mais, ſelon moi, tu dois avoir,
Le Nom d'Apollon ou d'Orphée,
Et tous deux pour ce que tu ſçais,
Ne ſeront pas encor aſſez.

Monſieur de V

Frere Bienfaiſant, Grand Prieur de Provence.

Sur l'Air Du Branle de Metz.

LE Grand Prieur de Provence,
Bienfaiſant dans ces beaux lieux,
Fait éclatter à nos yeux,
Sa noble Magnificence:
Il eſt digne des Autels,
Qu'on éleve aux Immortels.

Dans l'Empire de Neptune,
Il tient un rang glorieux,
Il eſt là, comme les Dieux,
Au deſſus de la Fortune;
Et faiſant tout pour autrui,
Ne fait jamais rien pour lui.

Il aime la bonne chere,
Et la fait aux plus grands Rois ;
Il mérite bien leur choix,
A ſon grand Nom qu'on révére :
Tritons, ſortez de nos Mers,
Joignez-vous à nos Concerts,

MONSIEUR
Le Preſident de B
Frere Amphion.

FRERE Amphion ſuit ſes traces,
Au moment qu'il vit le jour,
On dit que le Dieu d'Amour,
Le fit nourrir par les Graces ;
Son Nom le rendra fameux,
Juſqu'à nos derniers Neveux.

Lors-que Thebes fut bâtie,
Par le premier Amphion,
Suivant la relation,
Dieux étoient de la partie :
Le nôtre ſeul bâtira,
Temple qui l'honorera.

MONSIEUR

L G

Celerier de l'Ordre, Frere Ardant.

DANS ce Temple magnifique,
MEDUSE triomphera,
Et là, Frere Ardant aura
Tous les jours bonne pratique,
En y faisant son Métier,
De vigilant Celerier.

Nous serons en asseurance,
Tant qu'il aura le Cellier;
Il ne faudra le prier,
De donner double Pitance:
Il aime à faire du bien,
Pour lui, le restè n'est rien.

Monſieur de M

Chevalier de l'Ordre, Frere Magnifique.

Sur l'Air, Sommes-nous pas trop heureux.

E nôtre preux Chevalier,
Chantons la magnificence,
Lors-qu'on ſonge à ſa dépenſe,
Lucullus doit s'oublier.
Eſt-il Beauté qu'il n'enflamme ?
C'eſt le Chef-d'œuvre des Cieux,
Et l'on diroit que ſon ame,
Eſt l'ame de tous les Dieux.

MONSIEUR

Le Baron de M

Frere Commode.

ST-IL un meilleur vivant,
Que le bon Frere Commode,

Il faut, pour vivre à sa mode,
Avec lui lamper souvent.
Chez lui point de fausse-porte,
Il fait tout avec honneur,
Et l'on ne sçait qui l'emporte,
Ou de l'esprit, ou du cœur.

Monsieur G

Frere Sensible.

Rere Sensible est bien fait,
Mars a la mine moins fiere,
Et par sa douce maniere,
D'Amour il est le portrait.

C'est pour cet aimable Frere,
Que le Ciel fait les beaux jours;
Et dans lui chacun révére,
Le Favori des Amours.

Monſieur G

Grand Poëte & grand Muſicien.

Frere Biby.

BIBY, de tous bons Accords,
Excelle dans la Muſique,
Et la fureur Poëtique,
Souvent le ſaiſit au corps :
Il fait lors-qu'il s'en eſcrime,
L'honneur du ſacré Vallon,
Quand il s'éleve au ſublime,
Bacchus eſt ſon Apollon.

Mademoiſelle B

Sœur du Grand Maître.

Sœur Neceſſaire.

Sur l'Air Du Formulaire.

L'AMOUR paroît, dés qu'on me voit paroître
Il brille dans mes yeux :
Ne ſuis-je pas digne Sœur du grand Maître,
Qui régne dans ces lieux ?

Pour le plaisir, comme lui Necessaire,
J'en fais mon affaire,
Moi,
J'en fais mon affaire.

Madame de V

Sœur Bien-faisante.

Rien n'est égal à la Sœur Bien-faisante,
En esprit, en bonté,
Dès qu'on la voit, en elle tout enchante,
Adieu la liberté.
Contre l'Amour, & ses traits qu'elle lance,
Je suis sans defense,
Moi,
Je suis sans défense.

Madame
de

Sœur Amphione.

JE ſens mon cœur pour la jeune Amphione,
Epris d'un tendre amour,
Elle eſt en vain fiere comme Lyonne,
Je lui ferai ma cour.
J'aurai toûjours pour beauté de ſa trempe,
De l'huile à ma lampe,
Moi,
De l'huile à ma lampe.

Madame S

Sœur Taupe à tout.

Sur l'Air, Amis, ſans regreter Paris.

TAUPE à tout, quel eſt ton plaiſir ?
Je ſens que ta préſence,
En moi fait naître le deſir,
Et mourir l'eſpérance.

Madame G

Sœur Ardente.

LE feu qui brille dans tes yeux,
Sœur Ardente m'enflame,
Mais je pourrois m'en trouver mieux,
S'il passoit dans ton ame.

Madame C

Sœur Apetissante.

SOEUR Apetissante, on m'a dit,
Qu'un Amant vous offense,
Et que plus il a d'apetit,
Plus il fait pénitence.

MADEMOISELLE D'H cadette.

Sœur Bonne à tout.

Sur l'Air Des Triolets.

SOEUR Bonne à tout a mille attraits,
Elle eſt toûjours prête à bien faire,
Elle n'a, de Car, ni de Mais,
Sœur Bonne à tout a mille attraits.
Je dois l'adorer deſormais,
Et lampe en main je veux lui plaire;
Sœur Bonne à tout a mille attraits,
Elle eſt toûjours prête à bien faire.

Madame N

Sœur Judicieuſe.

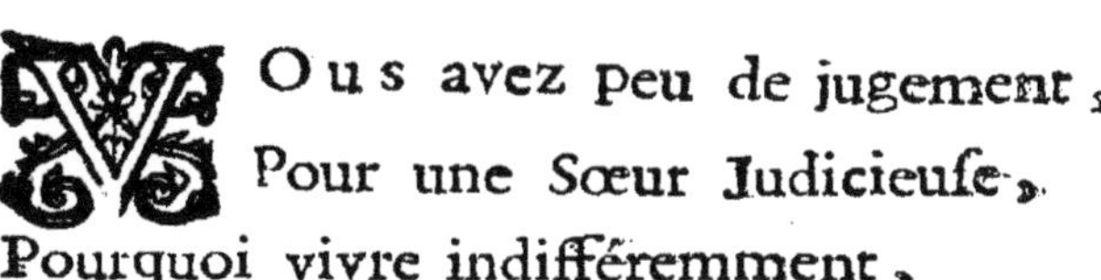

VOus avez peu de jugement,
Pour une Sœur Judicieuſe,
Pourquoi vivre indifféremment,
Vous avez peu de jugement.

Au premier mot d'un pauvre Amant,
Le dépit vous rend furieuſe,
Vous avez peu de jugement,
Pour une Sœur Judicieuſe.

Madame du B

Sœur Gracieuſe.

LEs Jeux, les Ris, & les Amours,
Ont été faits ſur ton modéle,
Auprés de toi l'on voit toûjours,
Les Ris, les Jeux, & les Amours.
Leur Mere dans ſes plus beaux jours,
Fut moins gracieuſe & moins belle,
Les Jeux, les Ris, & les Amours,
Ont été faits ſur ton modéle.

MADEMOISELLE

De R V

Sœur Gracieuſe de Toulon.

CE qu'on voit de plus précieux,
Sœur Gracieuſe eſt ton partage,
Venus a mis dans tes beaux yeux,
Ce qu'on voit de plus précieux:
Ta voix eſt le charme des Dieux,
Et tous ils tiennent ce langage:
Ce qu'on voit de plus précieux,
Sœur Gracieuſe, eſt ton partage.

Bacchus redouble tes attraits,
Quand tu prens ſa lampe divine,
Croi-moi, ne la quitte jamais,
Bacchus redouble tes attraits,
L'Amour vient y tremper ſes traits,
Ce Dieu pour-lors nous aſſaſſine,
Bacchus redouble tes attraits,
Quand tu prens ſa lampe divine.

Sœur Gracieuſe à mon ſecours,
Tout conſpire à m'ôter la vie,
Bacchus même eſt joint aux Amours,
Sœur Gracieuſe à mon ſecours.
Du moins en finiſſant mes jours,
Que ma mort ſoit digne d'envie,
Sœur Gracieuſe à mon ſecours,
Tout conſpire à m'ôter la vie.

POUR
Madame D'A
Sœur Aimable.

Sur l'Air,

Il ne fait point mal au cerveau,
Cet agréable vin nouveau.

SOEUR Aimable, tous les plaiſirs,
S'offrent en foule à tes deſirs,
N'en refuſe point pour bien faire;
Profite de tes plus beaux jours,
Mais il faut, ſi tu veux nous plaire,
Mêler à Bacchus les Amours.

Les Amours font trop de fracas,
Non, non, dis-tu, je n'en veux pas,
Bacchus est le Dieu qui m'enchante,
Mais que te sert dans tes beaux ans,
D'être jeune, vive & fringante,
Si tu ne souffre point d'Amans ?

A ce beau discours tu réponds,
Je me moque de vos Sermons,
J'ai bien d'autres choses en tête,
Je voi mon Epoux se lasser,
Il est prêt de quitter la fête,
Et moi prête à recommencer.

Fais-moi place, mon cher Epoux,
Je veux lamper encor six coups,
Six coups, ce n'est pas forte dose,
Que le sommeil ferme tes yeux,
Que je lampe & qu'Amour repose,
Tantôt je m'en trouverai mieux.

POUR MADEMOISELLE De L

Sœur Parfaite.

Sur l'Air Des Pelerins de Saint Jaques.

ON est bien seur de sa défaite,
Lors-qu'on te voit,
Tu sçais nous prendre, Sœur Parfaite,
Au bon endroit.
En vain Bacchus nôtre Vainqueur,
Veut nous défendre,
Le cœur, le plus superbe cœur,
Est forcé de se rendre.

Quel coup fortuné pour ton Pere,
Qu'il eût d'esprit!
Qu'il fit de plaisir à ta Mere,
Lors-qu'il te fit!

Tu vins plus belle que le jour,
Orner le monde,
Venus inſpira moins d'amour,
Sortant du ſein de l'onde.

Le Dieux enrichirent ton ame,
Plus que ton corps,
Tu fais briller toute leur flamme,
Tous leurs tréſors;
Mais à quoi ſervent tant de biens,
Unis enſemble,
Si tu ne donne pas aux tiens,
Enfant qui te reſſemble.

Il eſt tems, tout l'Ordre t'en preſſe,
Au nom des Dieux,
L'Hymen doit arriver ſans ceſſe,
Dans ces beaux lieux:
Prens, ſans t'embarraſſer de rien,
Dieu, qui ſoit leſte,
L'Hymen formera le lien,
L'Amour fera le reſte.

POUR
Madame de C
Sœur Brillante.

Sur l'Air
Quand Moïse fit défense,
D'aimer la femme d'autrui.

CELEBRONS la Sœur Brillante,
Chantons ses divins attraits,
Sa maniere est prévenante,
D'Amour elle a tous les traits.
Son air est modeste & sage,
Pour la taille & le corsage,
La Déesse des appas,
Ne lui disputeroit pas.

Si Paris, ce galant homme,
Qui jugea de la beauté,
T'avoit vûë, adieu la Pomme,
Venus n'en eût point tâté.

Forcé de porter ta chaîne,
Il t'auroit donné sans peine,
Les trois Déesses encor,
Avecque la Pomme d'or.

Plus d'un Dieu pour toi soupire,
Et soupire vainement :
Tu permets bien qu'on t'admire,
Tout le reste nullement ;
Et le Tabac tes délices,
Leur dit que leurs Sacrifices,
S'envolent malgré leurs feux,
En l'air avecque leurs vœux,

Car c'est du Tabac d'Espagne, que prend nôtre Sœur Brillante, & non pas du Petun.

POUR LES OUBLIEZ.

Sur l'Air, Laire la laire lan laire.

SI l'on avoit ſçû les Noms,
De tant de bons Compagnons,
Sur eux on auroit pû faire,
Laire la laire lan laire, laire la laire lan la.

Nous ſommes tous bons Vivans,
Et faiſons dans nos Convens,
Ce qu'on fait quand on ſçait faire.
Laire la laire lan laire, &c.

Le Jeu, Bacchus, & l'Amour,
Nous partagent tour à tour,
Le reſte n'eſt que chimere,
Laire la laire lan laire, &c.

Chaque Frere aime ſa Sœur,
Et ſans craindre le Cenſeur,
Dit à ce Viſionnaire,
Laire la laire lan laire, &c.

Nous aimons à nous cacher;
Et rien ne peut nous toucher,
Que le plaiſir de bien faire,
Laire la laire lan laire, laire la laire lan la.

STANCES.

DANS l'ardent desir de te plaire,
MEDUSE, que ne peut-on pas ?
Pour éterniser tes appas
Il n'est rien que je n'ose faire ;
Moi, qui n'avois jamais en main,
Pris la pointe, ni le burin,
Pour toi j'ai gravé quatre Stampes,
Par des ornemens tous divers,
Je t'ai enluminé des lampes,
Pour te chanter je veux aussi forger des Vers.

Pourquoi non ? ton feu qui m'anime,
Me fera trouver la raison,
Sans invoquer Maître Apollon,
Fais que je rencontre la rime ;
Percifie mon foible cerveau,
Par un entousiasme nouveau,
Si tu favorise mon zelle,
Sans être Poëte, ni demi,
J'en ferai une Kirielle,
Dont beaucoup de méchans, d'autres, coussi,
coussi.

Vîte, qu'on m'aporte de l'Huile,
Auparavant de commencer,
Trois fois comble j'en veux lamper,
Pour rendre ma veine facile.
Oüi ? Mon ſtile devient coulant,
Verſez - m'en donc encore autant,
Il m'aprendra l'Art Poëtique,
Qu'en dites-vous, Dame Clion ?
Ma Meduſe vous fait la nicque,
Aviez-vous de tel Jus ſur le Mont Helicon.

Toi qui délivras Andromede,
Valeureux Fils de Danaé,
Pour occir ce Monſtre écaillé,
Tu ſçûs un excellent remede,
Meilleur que l'Onguent de Jaſon,
Car ce riche en gueulle Poiſſon,
Se moquoit de ton alumelle :
Sur ſon dos tu la fis plier,
Et il auroit croqué la Belle,
Sans le Porte reſpect peint ſur ton Bouclier.

Auſſi ſtupefait qu'une Buſe,
Et moins fort qu'un petit Goujon,
Il fit bien vîte le plongeon,
Quand il vit paroître Meduſe;
Sa vertu te rendit vainqueur,
Elle fit ton plus grand bonheur,
Car tu fus Gendre de Cephée:
A l'Ennemi qui l'attaquoit,
Tu montrois ſa tête coupée,
Et crac: en beaux cailloux elle le petrifioit.

Tel étoit l'effet de ta face,
Fiere Gorgone en ta fureur,
Sur ton minois fardé d'horreur,
Chaque pli faiſoit ſa grimace:
Tu n'as plus de Monſtre à dompter,
Nous ſçavons tous te reſpecter,
Ne ſois pas avec nous hideuſe,
Dans nos délicieux repas,
Parois charmante & gracieuſe,
Pour enchanter nos cœurs, il te faut des apas.

Quel feu ? Quel éclat admirable,
Vient ici de fraper mes yeux ?
Que tout eſt brillant en ces lieux,
Meduſe vient à nôtre table ?
Freres & Sœurs la Lampe à la main,
Chantons ſon los juſqu'à demain,
Finiſſons nôtre repaiſſance,
Qu'on donne à chacun le Bonnet,
Et pour honorer ſa préſence,
Lampons comble à la ronde un Huile pur & net.

Quand nous celebrons tes miſtéres,
Nous ſommes tous initiés,
Profanes ſont répudiés,
Qui n'ont pas qualité de Freres;
Nous ſommes ſçavans Profeſſeurs,
Bien agréés pour bons Lampeurs,
Aprés avoir tenu Chapitre,
Preuves faites, tels reconnus,
Le Grand Maître nous donne un titre,
Et dans le Catalogue on nous a tous reçûs.

Loin

Loin d'ici crapuleux Yvrognes,
Lourdauts Pilliers de Cabaret,
Nôtre Huile excellent n'eſt pas fait,
Pour oindre vos vineuſes trognes :
C'eſt Ambroiſie, c'eſt pur Nectar,
Nôtre Ordre Illuſtre n'en fait part
Qu'à gens de condition requiſe.
Meduſe ſçait faire un bon choix,
Et il faut pour être de miſe,
Du mérite, des mœurs, & reſpecter ſes Loix.

Mais jamais elle ne commence
Nôtre petrification.
Qu'aprés une noble Action
De reſpect & reconnoiſſance.
Lampons à la ſanté du Roi :
Tous Freres qui ſuivent ſa Loi,
Sont intéreſſés à ſa gloire ;
La plûpart dans les Champs de Mars,
Semblent ſe fixer à la victoire,
Le charme de Meduſe eſt dans leurs Etendars.

Tac. Chut ? C'eſt Meduſe qui frape ;
Que nos Sœurs gardent le tacet,
Dans la poſture où elle met,
Qu'aucun mouvement nous échape :
Frere, tenez ferme le bras,
Que vôtre Huile ne tombe pas,
Car ce ſeroit énorme crime,
Frere ou Sœur qui le commettroit,
Seroit en fort mauvaiſe eſtime,
Et pour l'en bien laver raſibus lamperoit.

Quand nos lampes ſont allumées,
Que nôtre Cercle a de brillant,
Elles donnent un éclat charmant,
Dont nos Sœurs deviennent ornées,
Cedez, Déeſſe de Cypris,
A leurs teins de roſes & de lis ;
Vos couleurs étoient moins vermeilles ;
Ces celebres Banquets des Dieux,
N'avoient pas ces rares merveilles,
Pour lamper avec elles, ils quitteroient les Cieux

Nôtre deſalterante Mere
A mis dans la Societé,
L'eſprit d'union, de charité
Qui doit être entre Sœur & Frere.
Nous vivons ſous les mêmes Loix,
Et s'il arrive quelquefois,
Que faute par nous ſoit commiſe,
Quelle douce punition ?
Nous lampons, la faute eſt remiſe,
Et nous la ſubiſſons avec ſoumiſſion.

Que ſi un Juge trop ſévere,
Accuſe un Frere injuſtement,
D'avoir fait quelque mouvement,
Ou choſe qu'il ne faut pas faire,
Meduſe veut par ſes Statuts,
Pour éviter aucuns abus,
Si le cas eſt de conſequence,
Qu'un Infulat juge le fait,
Et pour qu'il en ait connoiſſance,
Que les Freres & les Sœurs opinent du bonnet.

Que la Justice, & la Concorde,
Ne s'éloignent jamais de nous :
Que Freres & Sœurs travaillent tous
A la propagation de l'Ordre.
Meduse, écoute tes Enfans,
Fais qu'ils vivent toûjours contens,
Daigne leur être favorable,
Ils te chanteront à jamais :
Mais quand tu parois à leur Table,
Ordonne bien sur tout qu'ils puissent lamper frais.

FIN.

www.ingramcontent.com/pod-product-compliance
Ingram Content Group UK Ltd.
Pitfield, Milton Keynes, MK11 3LW, UK
UKHW021819190726
13853UKWH00003B/1060

9 782329 58190